BEI GRIN MACHT SICH IHR WISSEN BEZAHLT

- Wir veröffentlichen Ihre Hausarbeit, Bachelor- und Masterarbeit

- Ihr eigenes eBook und Buch - weltweit in allen wichtigen Shops

- Verdienen Sie an jedem Verkauf

Jetzt bei www.GRIN.com hochladen und kostenlos publizieren

Stefanie Kinast, Björn Behl

Alterung der Gesellschaft

Die gesellschaftliche Rolle alter Menschen: Bürgerschaftliches Engagement und Ehrenamt als Perspektive?

GRIN Verlag

Bibliografische Information der Deutschen Nationalbibliothek:

Die Deutsche Bibliothek verzeichnet diese Publikation in der Deutschen Nationalbibliografie; detaillierte bibliografische Daten sind im Internet über http://dnb.d-nb.de/ abrufbar.

Dieses Werk sowie alle darin enthaltenen einzelnen Beiträge und Abbildungen sind urheberrechtlich geschützt. Jede Verwertung, die nicht ausdrücklich vom Urheberrechtsschutz zugelassen ist, bedarf der vorherigen Zustimmung des Verlages. Das gilt insbesondere für Vervielfältigungen, Bearbeitungen, Übersetzungen, Mikroverfilmungen, Auswertungen durch Datenbanken und für die Einspeicherung und Verarbeitung in elektronische Systeme. Alle Rechte, auch die des auszugsweisen Nachdrucks, der fotomechanischen Wiedergabe (einschließlich Mikrokopie) sowie der Auswertung durch Datenbanken oder ähnliche Einrichtungen, vorbehalten.

Impressum:

Copyright © 2010 GRIN Verlag, Open Publishing GmbH
Druck und Bindung: Books on Demand GmbH, Norderstedt Germany
ISBN: 978-3-640-87213-8

Dieses Buch bei GRIN:

http://www.grin.com/de/e-book/169012/alterung-der-gesellschaft

GRIN - Your knowledge has value

Der GRIN Verlag publiziert seit 1998 wissenschaftliche Arbeiten von Studenten, Hochschullehrern und anderen Akademikern als eBook und gedrucktes Buch. Die Verlagswebsite www.grin.com ist die ideale Plattform zur Veröffentlichung von Hausarbeiten, Abschlussarbeiten, wissenschaftlichen Aufsätzen, Dissertationen und Fachbüchern.

Besuchen Sie uns im Internet:

http://www.grin.com/

http://www.facebook.com/grincom

http://www.twitter.com/grin_com

Fachhochschule Münster 09.06.2010

Alterung der Gesellschaft
Gesellschaftliche Rolle alter Menschen:

Bürgerschaftliches Engagement und Ehrenamt als Perspektive ?

Modul: Entwicklungsperspektiven des Sozialstaates
„Alter im Sozialstaat"
Sommersemester 2010
Referentinnen: Stefanie Kinast & Björn Behl
Mittwoch: 16:00 – 17:30 Uhr

Gliederung

1. Definition von Ehrenamt und bürgerschaftliches Engagement   3
2. Beispiele für Ehrenämter und bürgerschaftliches Engagement   4
3. Geschichte des Ehrenamts   5
4. Ehrenamt in Deutschland Statistiken vorlegen   7
5. Bundesmodellprogramm „Erfahrungswissen für Initiativen"   7
6. Motive ehrenamtlich Engagierter   7
7. Auswirkungen der Umsetzung von Interessen im Ehrenamt   8
8. Förderung des Ehrenamts   11
9. Persönliche Meinung   11

Literatur   12

1. Definition „Bürgerschaftliches Engagement" und „Ehrenamt"

Dem **bürgerschaftlichen Engagement** werden nach dem Verständnis der Enquete-Kommission „Zukunft des bürgerschaftlichen Engagements" des Deutschen Bundestages folgende Attribute zugeordnet:

1. Die bürgerschaftliche Qualität des Engagements wird durch Selbstorganisation und Selbstbestimmtheit des freiwillig ausgeübten Engagements bestimmt.
2. Bürgerengagement ist nicht auf materiellen Gewinn gerichtet.
3. Mindestens ein Effekt des bürgerschaftlichen Engagements muss ein positiver Effekt für Dritte sein, es muss also Gemeinwohlbezug haben.
4. Bürgerengagement ist öffentlich, bzw. findet im öffentlichen Raum statt, da Öffentlichkeit einerseits wichtig für die Interessenvertretung der Engagierten, die Schaffung einer Anerkennungskultur und die Bereitstellung von Information für die Tätigkeit der Engagierten ist. Andererseits gewährleistet sie Transparenz, Dialog, Teilhabe und Verantwortung in den Organisationsformen des Engagements.
5. In der Regel wird bürgerschaftliches Engagement gemeinschaftlich, bzw. kooperativ ausgeübt.[1]

Im Folgenden werden zu den beiden Begriffen bürgerschaftliches Engagement und Ehrenamt erläuternde Definitionen angeführt, um ein klares Verständnis der Begriffe für den weiteren Verlauf der Ausarbeitung zu gewährleisten:

a.: Bürgerschaftliches Engagement wird das freiwillige, nicht auf finanzielle Vorteile gerichtete, das Gemeinwohl fördernde Engagement von Bürgern zur Erreichung gemeinsamer Ziele genannt. Im Gegensatz zum hoheitlichen Handeln der Verwaltung oder des Staates nehmen hier die Bürger etwas selbst in die Hand. Bürgerschaftliches Engagement ist ein Normativ wie analytisch unscharfer und mehrdeutiger Begriff, der in verschiedenen Sinnzusammenhängen verwendet wird. Die heute gebräuchliche Begriffsverwendung umfasst die spezifischeren Begriffe wie Ehrenamt, Selbsthilfe, politische Partizipation, politischer Protest oder freiwilliges Engagement und bringt sie in einen konzeptionellen Zusammenhang.[2]

---

[1] Vgl. Bundesministerium für Familie, Senioren, Frauen und Jugend (Hg.) (2005): Fünfter Bericht zur Lage der älteren Generation in der Bundesrepublik Deutschland. Berlin: Bundesministerium, S. 341.

[2] Vgl. Heinze / Olk 2001, S. 14f

b.: Ein **Ehrenamt** im ursprünglichen Sinn ist ein ehrenvolles und freiwilliges öffentliches Amt, das nicht auf Entgelt ausgerichtet ist. Man leistet es für eine bestimmte Dauer regelmäßig im Rahmen von Vereinigungen, Initiativen oder Institutionen. In einigen Fällen kann man zum Ehrenamt verpflichtet werden. Für ehrenamtliche Tätigkeiten fällt in manchen Fällen eine Aufwandsentschädigung bis zu 500 Euro im Jahr an. Heute wird „Ehrenamt" zunehmend gleichbedeutend mit Begriffen wie „Freiwilligenarbeit" oder „Bürgerschaftliches Engagement" verwendet. Der Begriff **Ehrenamt** hat jedoch gegenüber anderen Bezeichnungen Vorzüge. Die ehrenamtliche Tätigkeit ist ehrenvoll, wertet sozial auf, lässt statt monetärer Entgeltung soziale Anerkennung verdienen, was allerdings nicht bei allen ehrenamtlichen Tätigkeiten und Leistungen in der Gesellschaft gleich erfolgt. Auch in Bezug auf Aufwandsentschädigungen unterscheiden sich Ehrenämter sehr. Nur institutionalisierte Ehrenämter etwa bieten auch Vergünstigungen wie Fahrgeld oder Ehrenkarten für kostenlose oder ermäßigte Eintritte in Museen etc.[3]

2. Beispiele für Ehrenämter und bürgerschaftliches Engagement

Die Ausübung von Ehrenämtern ist in den verschiedensten Einrichtungen und Handlungsfeldern möglich. Um hier eine grobe Einsicht zu erhalten, wo dies der Fall st, sind Beispiele angeführt:

a.: Vereine

Vereine werden einerseits gegründet, um gemeinsame Interessen zu verfolgen, die dem gegenseitigen Austausch und der gemeinsamen Betätigung Gleichgesinnter in der Freizeit zutrifft. Andere Vereine haben sich zum Ziel gesetzt, positiv der Allgemeinheit zu dienen oder empfundene Defizite staatlichen Handelns durch eigenes Handeln der Vereinsmitglieder auszugleichen. So ist zum Beispiel das Rote Kreuz aus dem freiwilligen Engagement einiger weniger Bürger entstanden und hat sich in über 100 Jahren zur größten Wohlfahrtsorganisation der Welt entwickelt.

b.: Bürgerinitiativen

Der Unterschied von Bürgerinitiativen zu Vereinen besteht im Wesentlichen in der Tragweite der Zielsetzung: Meist geht es darum, eine bestimmte politische Entscheidung herbei zu führen. Werden Bürger selbst aktiv, hat dies in der Regel positive Auswirkungen auf die

---

[3] Vgl. http://de.wikipedia.org/wiki/B%C3%BCrgerschaftliches_Engagement (Zugriff: 29.04.2010).

Gesellschaft. Selbst Vereine, deren Mitglieder sich ausschließlich zur Verfolgung eigener Spezialinteressen zusammenschließen (Freizeitvereine), spiegeln eine Organisation wider, die ihren Mitgliedern in gewisser Weise Halt gibt. Für Vereine, die sich gesellschaftsfördernden Zwecken verschrieben haben, gilt dies verstärkt.

Beispiele sind: Kirchenvereine, altersspezifische Interessenorganisationen, Sportvereine, Kegelclubs, Schützenvereine, Landsmannschaften, Seniorentreffs, Gewerkschaften, Wandervereine, Kleingartenvereine, Mitglieder der freiwilligen Feuerwehren, der Deutschen Lebens-Rettungs-Gesellschaft, des Arbeiter-Samariter-Bunds, des Deutschen Roten Kreuzes, des Malteser Hilfsdienstes, des Technischen Hilfswerks, Mitarbeiter der Sozialarbeit wie zum Beispiel in der offenen Jugendsozialarbeit, aktive Mitarbeit in einem gemeinnützigen Verein, in Rettungsunternehmen, öffentlichen Einrichtungen, deren Verbänden und Arbeitsgemeinschaften, im Bildungswesen, in der Wohlfahrtspflege, in landwirtschaftsfördernden Einrichtungen, Dienste bei Natur- und Umweltschutz, Agenda 21-Projekte, Tierschutz, Berghütten, Bewährungshilfe, Telefonseelsorge, Caritas und Diakonie, Hilfsorganisationen, Hausaufgabenhilfe; Helfer wie Grüne Damen und Herren in vielen Hospitälern, Altenheimen und Behinderteneinrichtungen; in Sport-, Kultur- und anderen Vereinen. Die Freiwilligen Feuerwehren, wichtigste Stütze der aktiven Gefahrenabwehr in Deutschland, haben ausschließlich ehrenamtliche Mitglieder. Auch den Katastrophenschutz der Bundesrepublik Deutschland gewährleisten größtenteils ehrenamtliche Kräfte.

3. Geschichte des Ehrenamts

Die Geschichte des Ehrenamtes ist eine weit zurückführende. Erste bekannte Ursprünge liegen in der abendländischen Tradition. Aber auch bei den Griechen der klassischen Antike oder im frühen Christentums, gehörte der individuelle Beitrag zum allgemeinen Wohl unverzichtbar zu einem sinnerfüllten Leben.

a.: Bürgerschaftliches Engagement bei den Griechen

Schon in der Antike Griechenlands war es Sache jeden männlichen Bürgers, sich für das Gemeinwesen zu interessieren, für dessen Wohl zu engagieren und in den Versammlungen über die Belange der Stadt zu diskutieren. Wer an solchen Versammlungen nicht teilnahm und sich auch den Angelegenheiten des Gemeinwesens verweigerte, war ein **idiótes**, also ein Privatmensch.

„Wer an den Dingen der Stadt keinen Anteil nimmt, ist kein stiller, sondern ein schlechter Bürger," formulierte es der Athener Perikles etwa 500 vor Christus.

b.: Bürgerschaftliches Engagement in christlicher Kultur

Eine andere Wurzel des sozialen Engagements findet sich in der christlichen Tradition im Liebesgebot der Bibel. Schon im Mittelalter wurde es durch die Versorgung von Armen mit Almosen vereinzelt umgesetzt. So verbindet etwa der zunächst als Ritterorden gegründete Johanniterorden, der seit 1099 in Jerusalem ein Spital für Arme, Alte und Kranke unterhielt, den christlichen Glauben zu wahren und Notleidenden zu helfen. Die Ehrenämter waren tatsächlich noch mit dem Erwerb von Ehre verbunden; adlige Personen, später auch Bürger mit hoher Bildung, gesellschaftlichem Ansehen und Reichtum konnten solche bekleiden und damit ihre Ehre noch erhöhen bzw. (im Falle der Bürger) erst erhalten.

c.: Bürgerschaftliches Engagement heute

Bereits seit Beginn der 1980er Jahre stehen die aktive Teilhabe und das freiwillige bzw. ehrenamtliches Engagement älterer Menschen auf der zivilgesellschaftlichen und politischen Agenda. Seit den 1990er Jahren haben sich Ansätze entwickelt, über die klassische Vereinsförderung hinaus das Bürgerschaftliche Engagement in Kommunen auf vielfältige Weise zu fördern. Bundesweit Beachtung finden die Aktivitäten in Baden-Württemberg, wo das Sozialministerium und die kommunalen Spitzenverbände im "Landesnetzwerk Bürgerschaftliches Engagement" mit zahlreichen Gemeinden, Städten und Landkreisen zusammenarbeiten, um eine moderne Engagementförderung zu entwickeln. Auch in anderen Bundesländern zeigen sich mittlerweile ähnliche Bestrebungen.

Spätestens seit dem Bericht der Enquete-Kommission „Zukunft des bürgerschaftlichen Engagements" (2002) prägt der Begriff des „bürgerschaftlichen Engagements" die einschlägigen Diskussionen. Diese Akzentverschiebung entsteht aus zum Teil auch widersprüchlichen Hoffnungen und Erwartungen an eine bessere „Nutzung" der „Alterspotenziale" unter anderem im Sinne einer Verbesserung der Lebensqualität der Älteren. Es wird sowohl durch den demografischen Wandel als auch den Umbau des Sozialstaates und die damit verbundene Leitidee des aktivierenden Sozialstaats, aber auch durch die Diskussion um bürgerschaftliches Engagement argumentativ forciert. Gleichwohl bleibt die soziale Integration älterer Menschen angesichts wieder steigender Exklusions- und Armutsrisiken im Lebenslauf ein wichtiges Zukunftsthema.[4]

---

[4] Vgl. Bundesministerium für Familie, Senioren, Frauen und Jugend (Hg.) (2005): Fünfter Bericht zur Lage der älteren Generation in der Bundesrepublik Deutschland. Berlin: Bundesministerium, S. 337ff.

4. Ehrenamt in Deutschland

Jeder Dritte in Deutschland engagiert sich ehrenamtlich, dies sind über 23 Millionen Menschen über 14 Jahren. Viele Bereiche des öffentlichen und sozialen Lebens würden ohne Ehrenamtliche kaum mehr existieren. In NRW wurden beispielsweise 850 Altenselbsthilfegruppen, -initiativen und -projekte gezählt, von denen 35 % soziale, 18 % politische, 17 % gesundheitliche, 16 % kulturell-gestalterische, 9 % psychosoziale und 6 % beschäftigungsbezogene Anliegen verfolgen, wobei die Zuordnungen nicht immer eindeutig sind. Weitere Statistiken sind im Fünften Bericht zur Lage der älteren Generation in der Bundesrepublik Deutschland von 2005 angeführt.[5]

5. Bundesmodellprogramm „Erfahrungswissen für Initiativen"

Durch das Bundesmodellprogramm „Erfahrungswissen für Initiativen" (EFI) gewann bürgerschaftliches Engagement älterer Menschen an Bedeutung. Das Programm wurde von 2002 - 2006 in 10 Bundesländern durchgeführt. Es wurde davon ausgegangen, dass ältere Menschen über ein höheres Maß an besonderen „Fähigkeiten, Fertigkeiten, Kompetenzen, Gebrauchswissen, Urteilsfähigkeit und Erfahrungen" verfügen. Zur Weitergabe dieses Wissens wurden ältere Menschen zu SeniortrainerInnen ausgebildet. Ziele waren, den älteren Menschen verantwortungsvolle gesellschaftliche Teilhabe und Mitgestaltung zu ermöglichen sowie Förderung eines positiven Altersbildes in der Gesellschaft zu etablieren, die Nutzung von Leistungspotenzialen der Älteren durch die Gesellschaft, Initiierung der Älteren als ExpertInnen in der Gesellschaft zu wirken, deren Erfahrungswissen bewusst weiterzugeben und praktische Fähigkeiten und Methodenwissen an Freiwilligenorganisationen zu vermitteln.[6]

6. Motive ehrenamtlich Engagierter

Laut Befragungen sind das Bedürfnis nach Kontakt und Geselligkeit mit gleichaltrigen Menschen und das Bedürfnis, fit, beweglich und gesund zu bleiben die wichtigsten Beweggründe für Vereinsteilnahmen. Das in Umfragen am meisten genannte Motiv des freiwilligen Engagements ist das Bedürfnis der Bürger/innen zur gesellschaftlichen Mitgestaltung. Dazu kommt der Wunsch nach sozialen Kontakten und sozialer Einbindung.

---

[5] S. Bundesministerium für Familie, Senioren, Frauen und Jugend (Hg.) (2005): Fünfter Bericht zur Lage der älteren Generation in der Bundesrepublik Deutschland. Berlin: Bundesministerium
[6] Vgl. ebd.

Altruistische Motive, Spaß zu haben und mit sympathischen Menschen in Kontakt zu kommen, stehen im Vordergrund der konkreten Erwartungen an die freiwillige Tätigkeit.

„Für drei Viertel ... ist es darüber hinaus wichtig, Kenntnisse und Erfahrungen zu erweitern. Ein möglicher beruflicher Nutzen ist dagegen nur für eine Teilgruppe von rund 20 % von Bedeutung"[7]

oder um im Falle von Arbeitslosigkeit oder Alter überhaupt eine sinnvolle Beschäftigung zu haben. Wiederaneignung des enteigneten Sinns, Ausgleich durch Kontrasterfahrungen, Selbstvervollkommnung durch Eigentätigkeit, Anknüpfung und Wiederbelebung, Kompensation und Entlastung von Leidensdruck, Kontinuität und Ausbau des persönlichen Schaffens, Aufnahme und Produktion. Die Produktivität älterer Menschen ist beträchtlich und sollte genutzt werden von Kinderbetreuung bis politisches Engagement. Sie geben Lebenssinn, ökonomischen und gesellschaftlichen Wert und soziale Integration. Förderung von Engagement und Partizipation im Alter bedeutet immer gezielte Qualifikation, Motivation und Unterstützung im Hinblick auf Formen des aktiven und ehrenamtlichen Engagements, die den jeweiligen sozial differenzierten Gruppen älterer Menschen entsprechen. Deshalb sollte auch die soziale Ungleichheit bei der Beteiligung im bürgerschaftlichen Engagement abgebaut werden.[8]

7. Auswirkungen der Umsetzung von Interessen im Ehrenamt

Mit der Entwicklung des Bürgertums lösten Produktivität und Arbeit das Ideal der republikanischen Gemeinwohlorientierung mehr und mehr ab. „Ein moralischer und tugendhafter Mensch wurde nicht mehr von seiner öffentlichen, für das Gemeinwohl einstehenden Tätigkeit her definiert, sondern von seiner ökonomischen Tätigkeit her bestimmt. Während dieser Zeit begannen sich die bürgerlichen Gesellschaften mehr und mehr als reine Interessengesellschaften zu verstehen, in denen der ursprüngliche politische Freiheitsbegriff auf die Freiheit, die eigenen ökonomischen Interessen durchzusetzen, verkürzt wurde (http://de.wikipedia.org/wiki/Ehrenamt; Zugriff: 29.04.2010). Wird die „Aktivitätstheorie" bei alternden Menschen angewandt, so besagt sie, dass der Ruhestand mit immer interessanteren und sinnvolleren Aktivitäten ausgefüllt sein sollte,[9] denn Alter steht immer mehr unter dem Aspekt der Produktivität, die auf die Entwicklungsfähigkeiten und

---

[7] Vgl. Rosenbladt/Picot 1999
[8] Vgl. Bundesministerium für Familie, Senioren, Frauen und Jugend (Hg.) (2005): Fünfter Bericht zur Lage der älteren Generation in der Bundesrepublik Deutschland. Berlin: Bundesministerium, S. 369ff.

[9] Vgl. Niederfranke, A. u. a. (Hg.) (1999): Funkkolleg Altern 2. Wiesbaden: Westdeutscher Verlag. S. 98

Potenziale der Senioren, deren Kompetenzen und Ressourcen des Alters basieren. Die immer länger anhaltende Fähigkeit älterer Menschen ihr Leben weitgehend selbstständig zu führen, eröffnet Produktivitätschancen. Der „aktive Lebensstil" setzt dies gut um, indem Lebenszufriedenheit mit Aktivität in Wechselwirkung steht. Ristau äußerte hierzu 1993:

> „Jede in den Ruhestand nachrückende Kohorte oder Jahrgangsgruppe weist ein höheres Ausbildungsniveau und eine bessere Gesundheit auf, verfügt über mehr Ressourcen für Aktivitäten."[10]

Die Ressourcen dieser älteren Menschen müssen gesehen und in nachberuflichen Tätigkeiten genutzt werden. Damit sind auch ehrenamtliche Tätigkeiten gemeint. Die Gesellschaft muss auf das Erfahrungswissen dieser Älteren aufbauen, pflichtete auch Brauchbar 1995 bei

> „Die gewachsene Kompetenz alter Menschen ruft indes geradezu danach, dass ihnen die Chance gewährt wird, an der Produktion und Gestaltung des gesellschaftlichen Lebens teilzunehmen."[11]

Erwartungen Älterer sind, neue „nützliche" Rollen und Aufgaben mit größerer gesellschaftlicher Anerkennungen zu finden. „Nützlichkeit" scheint in diesem Zusammenhang wie eine Zauberformel, die auseinanderstrebende Ansprüche vereinbar macht. Im Alter fehlen den Menschen oft geeignete Gelegenheiten und passende Menschen um aktiv und produktiv zu werden. Die Auswahl, Erhaltung und Schaffung von Bezugskreisen (Freunde, Interessengruppen) schon vor Erreichen des Ruhestandalters ist daher von großer Bedeutung. Auch die vermuteten und wohl vorhandenen zeitlichen Ressourcen älterer Menschen haben sie zu einer interessanten Zielgruppe gemacht, in der für ein ehrenamtliches Engagement geworben wird. Tews kommentierte 1995:

> „Entpflichtete Alterszeit muss nicht unbelastete Alterszeit sein. Entpflichtungen können auch mit Belastungen verbunden sein (…) Langeweile und zu viel frei Zeit haben, nichts mit sich anzufangen wissen, das Gefühl haben, nutzlos zu sein und nicht gebraucht zu werden, bis hin zu psychischen Folgen wie Depressivität und Somatisierungen."[12]

---

[10] Vgl. Ristau, Mackroth 1993, S. 29
[11] Vgl. Brauchbar, Heer 1995, S. 278
[12] Vgl. Tews 1995, S. 96

In Hobbyvereinen, z. B. Sammler, Eisenbahnvereinen und Ähnliches entfaltet sich erstaunlich oft das Spektrum von Begegnungen zwischen Generationen, wechselseitiger Unterstützung, (Fort-)Bildung, Öffentlichkeitsarbeit, Identitätsdarstellung und Geselligkeit, das den Älteren auf unspektakuläre Weise produktive und sozialintegrierte Rollen sichern kann. Übergänge von ehrenamtlichen Formen zu anderen Engagementformen wie zum Beispiel Selbsthilfegruppen und –initiativen sind fließend. Weitere Bereiche nachberuflicher Arbeit in Form des unbezahlten Ehrenamts, für die sich die Senioren-Union der CDU stark macht, sind Beratung, Schulung jüngerer Arbeitskräfte, Übernahme von „Lotsen"-Aufgaben für Berufseinsteiger etc. Den Städten und Gemeinden stehen Bürgerressourcen als das zur Verfügung, "was die Bürger selbst leisten können", wenn sie nur entsprechend motiviert werden. Häufigste Formen sind Bürgerinitiativen und Vereine; ihre Tätigkeit ist in der Regel nützlich für die Gemeinschaft, kann sich aber unter bestimmten Umständen auch ins Gegenteil verkehren. Momentan scheint es aber leider der Trend zu sein, dass ehrenamtliche Tätigkeiten im Sinne neuer Lebensstile und Partizipationsformen an Bedeutung verlieren. Welche Veränderungen in näherer Zukunft anstehen ist ungewiss. Bisher weist jede jüngere Ruhestandskohorte ein höheres Ausbildungsniveau, eine bessere Gesundheit und eine bessere materielle Absicherung auf, verfügt also über mehr Ressourcen für Aktivitäten. Da Gesundheit, materielle Absicherung und vor allem Bildungsniveau starke Prädikatoren der Partizipation der Älteren im Bereich zum Beispiel des ehrenamtlichen Engagements oder der Bildung sind, könnte mit einer stärkeren Beteiligung in diesen Bereichen gerechnet werden. Vor allem im Bereich der Freiwilligenarbeit werden die Stärken und Chancen des Alters sehr deutlich. Die Zahl der älteren Menschen, die sich freiwillig engagieren, steigt nach den Ergebnissen des 2. Freiwilligensurveys von 2004 stetig an. Das freiwillige Engagement Älterer ist für die Gesellschaft eine Bereicherung und längst unverzichtbar geworden. Die Datenbank www.senioren-initiativen.de, die im Auftrag des Bundesministeriums für Familie, Senioren, Frauen und Jugend entwickelt wurde, bringt das vielfältige Engagement von Seniorinnen und Senioren zum Ausdruck.[13]

---

[13] Vgl. http://www.b-b-e.de/index.php?id=14397&L=0%252; Zugriff: 29.04.2010

8. Förderung des Ehrenamts

Auch der deutsche Staat beteiligt sich durch verschiedene Unterstützungsformen am Ausbau des Ehrenamtes als Aktivierungsform für Senioren und Seniorinnen. Der Staat fördert ehrenamtliches Engagement in unterschiedlicher Weise:

a.: Steuerliche Förderung: Ehrenamtlich Tätige können Aufwandsentschädigungen erhalten. Oft sind sie pauschaliert und auch im Rahmen bestimmter Grenzen steuerfrei.

b.: Versicherung: Vielfach versichern Vereine, große Wohlfahrtsorganisationen und Institutionen die ehrenamtlich Tätigen gegen Unfall- und Haftpflichtschäden.

9. Persönliche Meinung

Meiner Meinung nach sollte das Ehrenamt noch deutlich stärker in Deutschland ausgebaut werden. Menschen sind sozial veranlagt, so dass es in ihrer Natur liegt, sich füreinander stark zu machen. Besonders älteren Menschen kann so nach dem Ruhestand eine weitere sinnvolle Arbeitsaufgabe und aktive Beteiligung an der Gesellschaft eröffnet werden. Um sie hier hin zu bringen, müssten aber schon vor dem Ruhestand Ansatzpunkte aufgedeckt und die älter werdenden Generationen motiviert werden. Sie verfügen über viel Wissen und sind mit etwa Mitte 60 Jahren oft noch körperlich fit genug, um sich in verschiedenen Interessensgruppen zu sammeln und di Gesellschaft zu fördern. Aufgrund der riesigen Vielfalt von Aktivierungsmöglichkeiten sollte auch für jeden Senior und für jede Seniorin ein passender Aufgabenbereich gefunden werden können. Es wäre zu schade, wenn das kostbare Wissen, oftmals sogar Expertenwissen der älteren Menschen verfällt und anstatt ihrer teure Arbeitskräfte eingekauft werden müssen. Auch für die Senioren und Seniorinnen hat es große Vorteile ehrenamtlich tätig zu werden, angefangen bei der gesellschaftlichen Integration bis hin zum Gefühl des „Noch etwas wert Seins".

Literatur

- Brauchbar, M., Heer, H. (1995): Zukunft Alter. Herausforderung und Chance. Berlin: Rowohlt.

- Bundesministerium für Familie, Senioren, Frauen und Jugend (Hg.) (2005): Fünfter Bericht zur Lage der älteren Generation in der Bundesrepublik Deutschland. Berlin: Bundesministerium

- Heinze, R., Olk, Th. (2001): Bürgerengagement in Deutschland. Bestandsaufnahme und Perspektiven.

- Niederfranke, A. u. a. (Hg.) (1999): Funkkolleg Altern 2. Wiesbaden: Westdeutscher Verlag.

- Pasero, U. u. a. (Hg.) (2007): Altern in Gesellschaft. Köln: Backes.

- Ristau, M., Mackroth, P. (1993): Aus Politik und Zeitgeschichte. In: Bundeszentrale für Heimatdienst.

- Rosenbladt / Picot (1999). In: Korte, K.-R., Weidenfeld, W.: Deutschland-TrendBuch.

- Tews, K. (1995): Altersbilder in der Wissenschaft. Leipzig.

- www.wikipedia.de (Zugriff: 29.04.2010), Begriff „Ehrenamt", „Bürgerschaftliches Engagement"

- www.b-b-e.de/index.php?id=14397&L=0%252 (Zugriff: 29.04.2010)